Valvotut päivät

Mika Seppälä

Valvotut päivät

ajatuksia

© 2022 Mika Seppälä

Kustantaja: BoD™ – Books on Demand, Helsinki, Suomi

Valmistaja: BoD - Books on Demand, Norderstedt, Saksa

ISBN: 978-952-80-6585-2

I

halustani kirjoittaa sinulle
iloitsen kun otan kynän käteeni

se on puhdas mahdollisuus niin kauan
kuin en sen kärjestä riko sanoja
paperille

tyhjä paperi on tilaisuus
sekä kynä että arkki
ovat

se mitä olen
ovat pelkät ajatukseni eikä niitä
tarvitse pyyhkiä pois

minä vain puhallan hitaasti
kynän ja paperin väliseen
autiuteen

tunnetko kevyen hipaisun
ihollasi

sen minä olen juuri nyt sinulle ääneti
terän katkeamatta repeävälle
arkille –
sen minä sinulle tuulen

ei minun tarvitse lisätä
kuinka ihmeellinen
valo on ulkona,
kun kesää on ollut tarpeeksi
ja varjot leviävät
kosteaan ruohoon
pitempinä

jonakin päivänä ne tavoittavat,
ne kurottautuvat
yhä uudelleen,
tarttuvat toisiinsa
ja peittoavat kaiken kasvaneen

nyt myös minun toimettomat
käteni venyvät –
ei,
et sinä enää ole
siinä

minun loppuni
on vaatimaton
mutta se kertoo
koko tarinan

en tiedä milloin kaareni
oli laessansa
ja aloin lasketella alas –

seison tässä
katsoen vedenpintaa,
haluan että luopumiseni
rikkoisi koko järven
kun aallot nousisivat
korkealle

kävisivät toistensa kimppuun vaahtopäät,
maisema soisi hetken ja
sitten aikani olisi

haaveiltuani
jokaisen rakkaani
tyköni vuorotellen,
jos kenen kohdalla täytyn,
ei elämä sen jälkeen
lupaa mitään

ei liioin,
vaikka kuinka ikävöin,
ei tuo jano koskaan ole
hyve

vaikka miten kaipaisin,
lihani ei siitä
tuuletu

onko taivaassa
lukkoja laisinkaan,
vai kulkeeko kaikki siellä
seinien läpi luonnostaan

oi, jumala,
sinuhun minä turvaan,
saata minut turvaan
säppien taa

pane oveheni lukko,
pahalle tien tukko –

sitä tässä pyydän,
voi vastaa, luoja,
jotta unen viimein saan

maailmasta eksyneenä
minun kulkuni huoneissani
outoja polkuja käy

vaikka ihmettä toivoisin,
on reittini niin kumma,
ei sillä koskaan
vastaantulijaa näy

oli muistoissani minullakin
joskus naurava suu,
nyt heijastuu peilistä
aivan joku muu

ja vielä kauheampaa ois
kuin tämä yksinäisyys,
jos sitä seuraisi orpona
iäisyys

sinä lähdet

vain se on tärkeää
ja vaikka on kevät,
valo katoaa ja sisälleni muuttaa
outo hämärä

oheneva jää ritisee kengän alla,
minä rikon ja rikon –
sanat eivät riitä,
silti hiljaisuus on
liikaa

minä päätän
ettei minulle mitenkään käy,
mutta mitä tähän kirjoitan
menee sinusta
sekaisin

yötaivaan terävä kuun kaari
haluaa lävistää

ajattelen yhä uudestaan
kuinka lakastua,
radio soi samaa hiljaista tahtia
ja antaa minun hukkua

pyristelen hetken,
niin hitaasti vaipuvat siipeni

miksen minäkin -

uskallanko unohtaa
huonouteni kerrankin kesken ja
jättää tämän eron eroamatta,

nyt voisin kuolla,
mutta ilman vastustajan tappavaa iskua
en sitä tee

minä hengitän,
en pysty muuhun –
kohta aika täyttyy,
ja lopullani on oikeutus vain silloin,
kun se on rangaistus

on oloni outo

piilotinko ikäväni tänään,
en enää muista,
minne kaipaukseni vein

riemuitsenko hetken –
muuten vain,
kun peittyy taas kaikki ilo
huomenna alle arjen askarein

sanonko sinulle vielä,
että rakastan,
vaikka sen eilen jo tein

kai unen tarkoitus
on katkaista tämä tyhjyys
ja viedä maailmoihin
jotka ovat täynnä itseni
osia,

siellä minä kuolen
nuorena ja urheana
kuten illuusiot aina
tappavat

ja herätessäni olen
vanha mies

jätän nyt tämän maan,
ei rupea päivä,
ei yö

pallo pyörii vain ratojaan,
on aika olla heräämättä,
menemättä uniinsa,
sanomatta koskaan
hyvää
mitään

alkaa avaruus,
krokotiili ei enää usko
kyyneliinsä

alkaa ikuisuus

minä menetän alituiseen

en kadota pelkkiä
sekunteja, en minuutteja –
onneni ei vain ole siellä,
missä se äsken lepuutteli itseään
ja oikoi jalkojaan

hoi, älä mene!

minä ryntään autuuteni perässä ulos,
ja äkkiä yllätyn –
laskeutuu yksinäinen lumihiutale
läähättävälle kielelleni,
ja kun tunnen sen koko kosteuden,
se on ihan siinä kuin oikea ihme

tänäänkin
olen havainnut jo niin paljon
että osaan olla oikein

paistattelen päivää tien reunassa ja
jokainen toteaa sen

kunnes tämä rivi elämästäni
jää aina kesken
kuin taivaalle ilmestyisi
yksi pieni pilvi ja kaikki valo taas
säikähtäisi

kun tein aikani töitä siveltimellä,
sormeni saivat naamion
valuvasta väristä

lopetin maalaamisen,
mutta käteni olivat valmiina
hyökkäykseen

kun äitini kuoli
pienikin ääni rikkoi hiljaisuuden
mutta pienikin hiljaisuus mursi
ääneni

olen tyytynyt siihen
ettei toisinkaan olisi voinut mennä

en odota kohtalon koputtavan oveen
vaan olen jo päästänyt sen sisälle ja keittänyt
sille kahvin tai teen

huomaan etten itke
vaan juttelen historiani kanssa kuin ihminen
vetäen hitaasti viivat yli
erheitteni

ja unohdan kynän, runon,
kaiken

II

mitä sillä väliä
jos arkku on alttarilla
mutta ruumis ei usko

halustaniko rakastaa
minä synnyin ihmiseksi

kävikö sinulle samoin,
tiettyyn aikaan tulla luoduksi
tiettyyn paikkaan –
kaikkivaltiaan tehtyä
meille varauksen samaan
pöytään

ehkä minä muistan
kun minua ei enää
ole

katson läpi –
ei tarinaamme voi enää muuttaa
mutta lie mahdollista valehdella hetket
jolloin uni katkaisi
tai erkanimme

me synnyimme tähän maailmaan
odottamaan toisiamme

sade lakkaa,
jonkin täytyy silti liittyä –
pisarat lasissa vielä valuessaan
löytävät

ei minun mykkyyteni
taivuta sinua suojaamaan minua,
sinä siunaat jokaista muuta kulkijaa –
mahdollisuutta

hiljaisuuteni ei
ala huutaa eikä itke,
ei minun historiani ole meri,
ei mikään aalto
raskaampi

meidän tappiomme
oli aika mikä meihin meni –
ei enää mitä emme saaneet
aikaan

ei kai vielä ole pakko
miettiä kuluneinta tapaa lähteä,
sitä soitetuinta raitaa
jota kukaan ei jaksa kuunnella

katson seinää,
ulkona sade yrittää tunkeutua
ja pestä
senkin

linnut jotka jäävät
nokkivat kenkiesi jälkiä,
joskus lentävät piiloon
niin kuin sinäkin

pysähtyvät puihin
joissa askelesi heiluvat keveinä
kylmillä
oksilla

pudonneet lehdet ovat
keltaisia ja punaisia,
tuuli katsoo niiden alle
ja katoaa ohi

saanko jo nyt valita
mitä haluan meistä muistaa

olla kaatumatta maisemaan ikkunassa –
mennä oikeasti ulos

vielä joskus päivä nousee
niin hitaasti että
minäkin ehdin

käyt ulkona,
vilkaiset postilaatikkoon
ja tuot syksyn sisälle –

kengänpohjiisi on takertunut
muutama märkä lehti,
ja minä mietin miksi alkaisin
meistä kirjoittaa,
sillä sinä olet lukenut
sen kaiken jo loppuun

minä vaellan vuodenajasta toiseen –
ei talvi ole niin päättymätön ja pimeä
kun kohta on jo kevät,
ja alkavalla vihreällä nurmella
sinun on kevyt lähteä
täältä pois

hyräilet omiasi keittiössä,
minä lojun toisaalla

en saa selvää
en ymmärrä
haluan vain kuulla

oloni on lämmin,
tovin liian suloinen ja lämmin –
on kohta pakko taas
alkaa tulkita

koko kaupunki on koskettanut
minua

anna minun avata kaihdinta
jotta tiedän missä en ole,
missä me sykimme
aamukahvilla tai
ilman

haluan vain tarkentua pois,
vangita huulteni väliin savukkeen,
puhaltaa ihosi henkosena
tuuleen –

sen jälkeen syttyä
vielä

ehkä kiinnyin sinuun

luovuin pimeästäni,
annoin päivän nousta
korkealle empimättä,
säikähtääkseni
kun huomasin varjojen
aavistukset –

niiden katoavan hiljalleen,
ja onneni olisi
vielä

menimmekö yhtä aikaa
rikki

korjasimmeko
astiamme täydeksi
puuttuvilla paloilla
jotka luuli jo jättäneensä –
meidän molempien
sirpaleilla

mitä minä vertauksilla
kun me koko ajan
höpötämme tahoillamme
toistemme
omiamme

rakkaudesta tulee
valkoinen valhe,
käsi pitää kädestä,
ei muuta osaa,
eivät silmät katso silmiin,
eivät jaksa uskaltaa –

teet valheistasi valkeita enkeleitä,
ne leijuvat taivasalla,
on niiden työ lentää pois,
on vain yö kaikkialla

ennen kuin edes tapasimme
me jo tahoillamme mietimme,
kuinka toisistamme
eroaisimme

lapsuudestamme karkasimme
kumppaneiksi kasvoimme,

nyt vain olemme kiinni
yhteisestä elosta,
kauheasta pelosta
jos ei meitä kuitenkaan olisi –

liittoomme eksyneet,
meitä liittävään vihaan
kesyyntyneet

me seisomme tässä,
ei edes hiljaisuus liiku
jotta voisimme seurata sitä
kaiken sattuneen ohi

me emme saa kestää toisiamme
itsemme tähden –
ei tarvitse katkaista mitään,
kaikki vain katkeaa

taluta minua,
pidä kädestä koko matka
kun luotasi lähden

me olemme koko ajan
hyvästien pysäkillä

ei aja mikään ohi,
ei livu kukaan toinen kohdallemme

me puristamme kourissamme
niiden aikatauluja
jotka olivat jo

eivät koskaan enää tule
eivätkä ota kyytiin

me odotamme aikamme
ja rakennamme unelmillemme rattaita
jotka eivät milloinkaan vie

olemme kovin yksin ja
olemme vaiti
ja juuri nyt on niin hyvä yhdessä myöhästyä

laskevat auringon kaaret
mutta päivä tanssii meissä
kiihkeämmin

hellyytemme lie lyhyt
mutta olemme poski poskessa
hitaasti vielä kerran

on kadonnut liittomme urheus
ei lie lempeä ihoni karheus,
hetki ei enää kosketa
vaan kouristuu kaikkialle

niin paljon elimme toisiamme,
on aika hyvästellä nyt –
juuri kun valomme on laessansa
on rakkautemme päättynyt

huoneessasi kolisevat
tuttuutemme
jäänteet

on vain pikkuriikkisiä ilkeitä sanoja,
veripisaroita,
jokaista viiltoa,
jota haluaisi vanhana
yhdessä katua

tukin viimeistä hyvästiä
kaikkien edellisten sekaan
enkä saa unohtaa
mitä vielä pitää
unohtaa,
viivata kaikki yli suorinta tietä,
nousta ilmaan ja vaihtaa lennosta
elämä

väännät avainta
ja lähdet

annan kahleen
jalassa olla painava,
suruni tukeva

etäisyytemme on hiljaisuus,
hauraus, missä kohden milloinkin
matkustimme toiselta toiselle

kohta minun maani loppuu,
autosi alla on mutka
enkä muista taipuuko se
oikealle vai vasemmalle

varjoni ei enää tavoita

yön uni
ei ole siivonnut
eilistä päivää

ei aamu ole
värittänyt maisemaa

juuriko sinä lähdit –
ei rakkaudelle ole
muuta sanaa kuin
rakkaus

ei olisi
pitänyt kiirehtiä

vain odottaa,
kunnes jääpeite
olisi alkanut sulaa –
hyppiä muutamalta lautalta toiselle,
saavuttaa vastaranta,
joka kääntyy kevään
vehreydeksi

ja antaa asioiden
olla

minä en enää toimi

lataan kahvin vahingossa molemmille,
katson kelin ja
mainitsen siitä sinulle
kun en enää voi

pysähdyn kuten
tuttua minulle nykyään on
sillä liike on
sama kuin pelko tai
pakomatka

hipaista otsalta suortuvaa –
antaa sinusta kasvaa vieraan,
arjen tuttuudesta tulee
tyhjä tila

säikähtää silti,
kaunistaa itseään sen vähän,
antaa peilin vaikeroida
ja lopulta
evätä

taivas on tänään
yksinkertainen

pelkkä harmaa kalvo
jonka takaa kuultaa valo
joka jätti minut ehkä
jo eilen

en itse ole hajalla
käteni löytää toisen käden
jalka astuu toisen eteen
mutta sinä roikut riekaleina
kaikkialla

ehkä se on vain
kuten ajattelen,
suljen hetkeksi silmäni
ja päätän mihin muistooni sinusta
hirtän itseni

joskus oli vain kiire olla liki
päästä nopeasti pois
ahkeroida toisiamme etäältä

antaa ikävän sulaa välillämme
samojen vesien leikata
kaipuutamme

tuijottaa sinun
liiallista tuttuuttasi
antaa valon kiertää
sulkea silmät ja kaikki muu
kun varjo on selittämättömän tarkka
välillämme

antaa ainoan mikä jaksaa kantaa
olla muisto joka ei enää valehtele
ei mitätöi mennyttä
vaan joka tietää vaiti läpäisseensä

autuus on
meille piirretty taivas

minä maalaan sitä umpeen
omilla väreilläni
ja yritän unohtaa

kun jokainen elämä on sammunut
tienoon taloissa,
rukoilen meidät yön selkään

niin liki toisiamme
että unemme koskettaisivat
tai valveemme pelkäisi yhdessä –
sytyttelisi valoja
kaikkialle

ajattelen sinua vielä,
vaikka aurinko
huutaa uutta kesää
kannellaan

kai voisin noukkia sinulle
kimpuksi niityn jokaisen
värin

ehkä en,
vain juuttuu katse ulos,
huurtuu huokaus ikkunaan

pitääkö minun kehystää
kaikki sinusta

en ole museo
etkä sinä tarkkaan harkittu
näyttely seinilläni

en minä ole kirkko
eikä kattoni fresko,
ylläni ikuisuus
joka määrittelee itse hyvyytensä

jonakin hetkenä
vielä kannan kaihoni muualle
ja annan maailman viedä

palaan huoneisiini
ja naulaan orpouteni kivisiin muureihin
ikävälleni omat ankeat
paikkansa

koko alkava syys oli
laskeneen auringon kaikuja vain

päivät minä uneksin,
jotta iltamyöhällä äänen kuulisin
hänen heittävän ruutuuni pikkukiviä
kaksittain

ei koskaan erehtyisi hän ikkunasta,
ei milloinkaan pettäisi ihmislasta –
sen silti kokea sain

minä surussani istuin
hitaasti väsähtäin –
ei tulisi hän,
ei edes yllättäin

ensimmäiseen lumeen minä valvoin,
jos se silti olisi hän –
jo jokaista rasahdusta toivotonna
säikähtäin

kuinka monesti vielä
elämäni on ennen ja
jälkeen

liekö urheutta
vai nöyrtymistä,
kun avaa kaikelle kohtalolle
ovensa

olen jo toimittanut
tällekin aamulle asiani –
tien laidoilla katuvalot sammuvat,
ei hämärä miksikään
muutu

tuuli ei jaksa taivuttaa
maisemaa,
lintu lentää ohi
tai törmää ikkunaan

ihmisyyteni on kunnossa,
huoneeni on autuuteni –
vaan kohta ovi on avattava
ja antaa maailman
särkeä

kaikki tunne on kuollut

mitä siitä kirjoittaa,
ei sanaakaan enää
kun en ehdi kynää
käteeni

ainoa lämpö on
haalennut tuoppi,
sormet koskettavat sitä varoen
kuin uurnaa

puhaltelen savukkeesta renkaita –
eivät ne asetu kehiksi
pääni ylle,
vain hajoavat

ympyrämme sulkeutuu,
jokainen ryyppy enemmän
kuinka näin on
hyvä

juon niitä jotka
minulla soittivat,
mykkyyden taustalla ei
soi

voinko minä toistaa
hiljaisuutta,
kiertää samassa karusellissa
saman hevosen selässä

minä en tiedä,
en sano sanaakaan –
minä kiljaisen sen

ei lasi ymmärrä edes
särkyä

aamulla räpyttelen ylös –
en kuule siipeni naksahtavan poikki,
mutta höyhenet sekoavat

siitä hädästä lentoni
kaareutuu kauemmaksi
kuin en koskaan aikonut,
alkaa pakotettu vapaus –
alkaa avaruus

täällä ei liikahda lehti
ei taivu puu

tuuli on jo muualla
ja vienyt kaiken mukanaan,
minä olen niin aloillani
että katoan

joku voi jossain löytää
sydämeni satunnaisia paloja
ja liittää ne omaansa
jos uskaltaa

oma tyhjyyteni niittää,
lakoan

kun synnyin
ja hieman vartuin,
haluni oli oikaista
elämä

sivuuttaa kaikki,
ohittaa pysäkit
joilla leiskui lempi,
joilla rakkaus vartoi

kuin ruttoa ihmisyyttäni
kammosin ja kartoin –
puhtaampiko silloin olin,
sitä jumalalta kysyin

niin meni nuoruus
ja niin meni kaikki –
ja lopulta mietin,
mitä luojani minulle
anteeksi antoi

elämä on kauan sitten
kadottanut juonensa,
ei polveile eikä katkeile –
jatkuu vain

kuoleva puu haluaa
vielä näyttää,
alkaa pudottaa lehtiään
kaivaten että joku huomaisi liikkeen,
vastaisi ja tanssisi riisuutuvien oksien alla
viimeisen yhteisen valssin

suljen silmäni
ja katson nuoruuttani,
hetkiä joihin se ei pysähtynyt –
ei kai niitä koskaan ollutkaan

jos olisin enemmän sanoja
osaisin selittää
itselleni

antaisin syyllisyyden iskeä nurkan takaa
ja haluaisin sen sattuvan

kun jokin rikkoutuu
on vaikeaa vain lentää pois
ja näkyä yhteisellä taivaalla
pelkkänä pisteenä

ei uusi päivä koskaan korvaa
mikä meissä häviää
ja mikä meissä loppuu
ei sitä tee

koko elämäni
olen menneisyyteni
hautajaisissa

sanat pomppivat minussa
muodostaen lauseita
jotka eivät kasva kukkalaitteeseen
kiinni

häpeän ja lähden,
rakkauteni on niin kuollut kuin se
miten milloinkin itse päättää,

kuljen kalmistossa
ja pysähdyn vieraalle haudalle
jossa kalmot ovat varmasti
valmiita –

ne hengittävät ruohona
päälle heitetyn mullan läpi
ja lasken siihen rakkauteni kuoleman kukat,
se olkoon kruununi ihmisen
viattomuudelle

silmäni ovat kyyneliä täynnä
enkä huomaa kuinka kiveen kirjoitetut
arasti vilkaisevat toisiaan

jumala,
ojenna minulle kätesi,
tartu lujasti
mutta älä vie vielä

minun pitää vielä varmistaa
ettei elämä ole liian ohikiitävä,
haluan sen silti olevan raskas
jotta muistaisin

on paljon ratkaistavaa,
maisema joelle päin on hiljaa ja pimeä,
virta uomassansa kääntyy
varkain suunnassansa

huoneessani on ikkuna,
voin tajuta olevani
sisällä vanki

tarkoitus lie enää
muutama merkintä,
elämä satunnainen huomio

kaikki revitään päältä,
kun ei ole aikaa
riisua

minun on alasti kylmä,
annatko ylleni vielä
lämpösi tahattoman
viitan

yritän vielä raapustaa sinulle

käteni on luotu ristiin nyt
rukoillessani jumalalta
jotta allekirjoitukseni siinä lopussa
olisi
kuin
rutiini

katoat,
niin kuin sinun pitääkin,
yksinäisyyteni
on ilkeä ilo
ja lähimmäisen lohtu
loukkaus vain

luettelen ääneen
rakkauteni joista oma itseni
oli suurin virheeni

kuinka minä pelkäsin valoasi
joka vielä äsken oli tässä,
nokean käteni,
jotka eilen vielä koskivat,
joiden läpi voin pelkäämättä
katsoa suoraan
aurinkoon